Rotfuchs

Mit Bildern
von Dorothée Böhlke

Bobo Siebenschläfers allerbeste Rezepte

Das Kochbuch
für die ganze Familie

Rotfuchs

Inhalt

Bobos allerbestes Frühstück

10 Schokoaufstrich für kleine und große Siebenschläfer
11 Hasis Lieblingsmarmelade
12 Quarkbrötchen
13 Papa Siebenschläfers Spezial-Rührei-Muffins
14 Oma Siebenschläfers Frühstückspancakes
15 Blaubeer-Pfannkuchen vom Blech
16 Frühstücksmuffins
17 Knuspermüsli für kleine und große Siebenschläfer
18 Bananenquark
19 Milchreis
20 Haferflockenfrühstück für müde Siebenschläfer (Overnight Oats)
21 Herzhafter Avocado-Aufstrich
22 Bobos Muntermacher: (Himbeer-Orangen-Smoothie)

Bobos allerleckerstes Mittagessen

24 Krokodilsuppe (Brokkolisuppe)
25 Häschensuppe (Möhrensuppe)
26 Siebenschläfer-Ketchup
27 Rote-Linsen-Bolognese
27 Käse-Sahne-Soße
28 Gemüse-Auflauf
29 Kleine Hackbällchen aus dem Ofen
30 Nudelnester
31 Knusprige Fischstäbchen
32 Bibis liebstes Ofengemüse
33 Gemüse-Kartoffeltaler mit Käse
34 Oma Siebenschläfers Kräuterquark

Bobos allerliebstes Abendessen

36 Selbst gemachtes Knäckebrot
37 Radieschenfrischkäse
38 Tomate-Mozzarella-Leuchtturm
39 Gurken-Krokodil
40 Eier-Mäuse
41 Pizzabällchen
42 Gemüse-Reispuffer
43 Apfel-Möhren-Rohkost
44 Vegetarische Frikadellen
45 Nudelsalat
46 Hummus mit Gemüsesticks

Bobos allerbester Nachmittagssnack

48 Bananenbrot
49 Regenbogen-Obstspieße
50 Fruchtgummi
51 Knusprige Waffeln
52 Schinken-Käse-Hörnchen
53 Ofenschlupfer (Apfel-Auflauf)
54 Milchbrötchen

Bobos allerliebste Brotdosen

56 Müsliriegel
57 Energiebällchen
58 Süße Siebenschläfer
60 Minipfannkuchen-Spieße
61 Knusprige Käsestangen
62 Rosinen-Hafer-Cookies für ganz kleine Siebenschläfer
63 Brot-Käse-Turm

In Familie Siebenschläfers Küche

In der Küche arbeitet Bobo Siebenschläfer niemals allein, sondern nur zusammen mit Papa oder Mama bzw. Oma oder Opa Siebenschläfer.
Beim Kochen oder Backen muss also immer ein Erwachsener dabei sein.

Diese **Utensilien** sollten in der Küche vorhanden sein:

* Große und kleine Töpfe, beschichtete Pfanne, Auflaufform, Muffinform, Backform (Springform und Kastenform), Pürierstab oder Mixer, Handrührgerät, Holzstäbchen und eine Küchenwaage.

Diese **Lebensmittel** werden in vielen Rezepten benötigt und sollten bereitstehen:

* eine Auswahl an Küchenkräutern und Gewürzen, Salz, Pfeffer, Vanillezucker, geschmacksneutrales Öl (z. B. Sonnenblumenöl), Mehl, Backpulver, Milch, Eier, Zucker oder Zuckerersatz

Tipps:

- Familie Siebenschläfer verwendet – wenn möglich – **Bio-Produkte**.
- Alle Milchprodukte wie Sahne, Butter oder Kuhmilch können durch **pflanzliche Alternativen** (z. B. Hafermilch, pflanzliche Sahne und Butter) ersetzt werden.
- Bei Kokosöl verwendet Familie Siebenschläfer das hochwertigere native Kokosöl.
- Ebenso können alle Fleischprodukte durch **vegetarische Alternativen** ersetzt werden.
- **Alternativen zu Industriezucker** sind z. B. Stevia, Dattelzucker, Kokosblütensirup oder Agavendicksaft.
- Sofern nicht anders angegeben, ist **Weizenmehl** 405 gemeint. Ebenso gut eignet sich Dinkelmehl 630. Wenn Vollkornmehl verwendet wird, muss mehr Flüssigkeit dazugegeben werden.
- In den Rezepten werden **Eier** in Größe M verwendet.
- Wenn nicht anders angegeben, ist beim Backofen **Ober- und Unterhitze** gemeint.

Hier gibt es einen Tipp

Hier musst du aufpassen!!

Bobos allerbestes Frühstück

Schokoaufstrich für kleine und große Siebenschläfer

(für 1 Glas)

* 100 g entsteinte, ungeschwefelte Datteln (oder 3 El Honig)
* 100 g gemahlene Mandeln oder Haselnüsse
* 3 El Back-Kakaopulver
* 2 El Kokosöl

Und so geht's:

1. Die Datteln mit etwa 50 ml Wasser in eine Schüssel geben und für eine halbe Stunde einweichen lassen. Das Wasser abgießen.
2. Die gemahlenen Nüsse, das Kokosöl und den Kakao dazugeben und alles mit einem Pürierstab ordentlich glatt pürieren.
3. Den Schokoaufstrich in ein sauberes Glas abfüllen und im Kühlschrank aufbewahren.

Hasis Lieblingsmarmelade

(für 4 Gläser)

* 200 g Möhren
* 200 g Äpfel
* 200 g Orangensaft
* abgeriebene Schale einer Bio-Orange oder ein Päckchen geriebene Orangenschale
* 1 El Vanillezucker
* 1 El Zitronensaft
* 300 g Gelierzucker 2:1

Und so geht's:

1. Möhren und Äpfel schälen und die Äpfel vom Kerngehäuse befreien. Alles in kleine Stücke schneiden und in einem großen Topf mit dem Orangensaft, der Orangenschale und dem Zitronensaft vermischen.
2. Den Gelierzucker und den Vanillezucker unterrühren.
3. Alles für mindestens 5 Minuten zum Kochen bringen und anschließend mit einem Stabmixer fein pürieren.
4. Die Marmelade in saubere Gläser füllen und gut verschließen.

Beim Rühren und Einfüllen der heißen Marmelade schaut Bobo nur zu!

Quarkbrötchen

(für 8 Brötchen)

* 300 g Mehl
* 75 g Zucker
* 250 g Magerquark
* 1 Pck. Backpulver
* 1 Pck. Vanillezucker
* 6 El Milch
* 6 El Öl
* ggf. etwas Zimt

Und so geht's:

Ofen auf 170 °C vorheizen.

1. Alle Zutaten miteinander vermengen und zu mandarinengroßen Bällchen formen. Da der Teig recht klebrig ist, am besten die Hände dabei etwas bemehlen.
2. Auf einem mit Backpapier ausgelegten Backblech verteilen und im vorgeheizten Ofen für ca. 20 Minuten backen.

Papa Siebenschläfers Spezial-Rührei-Muffins

(für 6 Rührei-Muffins)

* 4 Eier
* 1 Tomate
* 1/2 gelbe oder rote Paprika
* 1 Scheibe gekochter Schinken
* etwas frischer Schnittlauch
* 60 g geriebener Käse (z. B. Gouda oder Cheddar)
* Salz, Pfeffer, Paprikapulver edelsüß
* etwas Öl zum Fetten der Form

Und so geht's:

Ofen auf 180 °C vorheizen.

1. Eine Muffinform einfetten.
2. Tomate, Schinken und Paprika in kleine Stückchen schneiden. Schnittlauch fein hacken.
3. Die Eier in einer Schüssel aufschlagen. Schinken, Paprika und Schnittlauch zu den Eiern geben. Nach Belieben mit Salz, Pfeffer und Paprikapulver würzen.
4. Die Eiermasse in 6 Muffinmulden füllen und im vorgeheizten Ofen für 10 Minuten backen. Dann die Rührei-Muffins mit geriebenem Käse bestreuen und noch für weitere 5–10 Minuten im Ofen fertig garen.

(für 14 Stück)

* 200 g Mehl
* 2 El Zucker
* 1 Tl Backpulver
* 1 Prise Salz
* 2 Eier
* 250 ml Buttermilch
* 30 g Butter
* Öl zum Ausbacken

Oma Siebenschläfers Frühstückspancakes

Und so geht's:

1. Die Butter schmelzen lassen. Die Eier mit der Buttermilch verrühren und die flüssige Butter dazugeben.
2. Mehl, Backpulver, Zucker und Salz in einer anderen Schüssel vermengen. Die Milchmischung dazugeben und rühren, bis ein glatter, dickflüssiger Teig entsteht.
3. Den Teig für etwa 15 Minuten ruhen lassen.
4. Etwas Öl in einer großen Pfanne auf mittlerer Flamme erhitzen. Mit einem großen Löffel jeweils drei Teigportionen hineingeben. Wenn sich Bläschen an der Oberfläche bilden, die Pancakes umdrehen und fertig backen.

Zu den Pancakes schmeckt Bobo seine selbst gemachte Schokocreme (Seite 10), Apfelmus oder Zimt und Zucker. Mama isst sie mit Ahornsirup am liebsten!

Blaubeer-Pfannkuchen vom Blech

(für ein Blech)

* 600 ml Milch
* 250 g Mehl
* 2 Eier
* 25 g flüssige Butter
* 20 g Zucker
* 1 Prise Salz
* 150 g Heidelbeeren (oder z. B. 1 Banane)

Und so geht's:

Ofen auf 200 °C Umluft vorheizen.

1. Ein tiefes Backblech gut einfetten.
2. Milch und Eier aufschlagen und die flüssige Butter dazugeben. Mehl, Zucker und eine Prise Salz unterrühren.
3. Den Teig auf das Backblech schütten. In den vorgeheizten Backofen schieben und etwa 10 Minuten stocken lassen.
4. Die gewaschenen Heidelbeeren auf dem Pfannkuchen verteilen und für weitere 10 Minuten backen. Bobo legt auch gern Bananenscheiben darauf!
5. Aus dem Backofen nehmen und mit Puderzucker bestreuen.

(für 12 Stück)

* 200 g Weizenmehl
* 150 g Zucker
* 1 Pck. Vanillezucker
* 1 Tl Zimt, gemahlen
* 1 Tl Backpulver
* 1 Messerspitze Natron
* 1 Prise Salz
* 1 mittelgroße Möhre
* 1 Apfel
* 1 großes Ei
* 70 g flüssige Butter
* 40 ml neutrales Öl
* 1 El gehackte Walnüsse oder Haselnüsse

Frühstücksmuffins

Und so geht's:

Den Ofen auf 180 °C vorheizen.

1. Mehl, Zucker, Vanillezucker, Zimt, Backpulver, Natron, Salz in eine Schüssel geben und mischen.
2. Die Möhre waschen und fein raspeln. Den Apfel schälen und entkernen, in kleine Würfel schneiden und zu den Karotten geben.
3. Nun die Eier mit der geschmolzenen Butter und dem Öl verrühren. Mehlmischung und Möhre und Apfel dazugeben und gut untermischen.
4. Zum Schluss noch die gehackten Walnüsse unterheben und den Teig in eine gefettete Muffinform füllen.
5. Im vorgeheizten Ofen etwa 25 Minuten backen, bis die Muffins leicht braun sind.

Mama Siebenschläfer gibt immer noch ein paar Rosinen in den Teig.

Knuspermüsli für kleine und große Siebenschläfer

(ergibt ein volles Glas von 1 Liter)

* 200 g kernige Haferflocken
* 2 El Sonnenblumenkerne
* 2 El Kürbiskerne
* 2 El Mandelstifte
* 2 El Kokosraspel
* 1/2 Tl Zimt
* etwas Vanilleextrakt
* 4 El Kokosöl
* 1–2 El Honig oder Agavendicksaft
* 100 g Trockenfrüchte nach Geschmack

Und so geht's:

Den Ofen auf 160 °C (Umluft) vorheizen.

1. Die Trockenfrüchte fein würfeln und beiseitestellen.
2. Haferflocken und die restlichen trockenen Zutaten vermengen.
3. Flüssiges Kokosöl, Honig und Vanilleextrakt hinzufügen und gut mit den Händen vermischen.
4. Die Masse auf ein Backblech geben und etwa 15 Minuten im vorgeheizten Ofen backen, bis das Müsli eine schön goldene Farbe angenommen hat.
5. Das abgekühlte Müsli mit den gewürfelten Trockenfrüchten vermischen und in einer verschlossenen Dose aufbewahren.

Bananenquark

(für 2 Portionen)

* 2 reife Bananen
* 200 g Quark
* 50 ml Milch
* 1 TL Honig oder Agavendicksaft
* Vanilleextrakt
* nach Belieben gehackte Nüsse, Kokoschips, Schokoraspel

Mama Siebenschläfer mag den Bananenquark gern mit Mandelsplittern. Bobo streut sich immer Schokostreusel darauf! Man kann aber auch anderes geschnittenes Obst oder Beerenfrüchte dazu essen.

Und so geht's:

1. Die Bananen schälen und würfeln.
2. Den Quark mit der Milch und einem kleinen Spritzer Vanilleextrakt (alternativ Vanillezucker) glatt rühren.
3. Die Bananenwürfel unter die Quarkmasse heben. Nach Geschmack mit 1 TL Honig oder Agavendicksaft süßen.

Milchreis

(für 4 Portionen)
* 1 l Milch
* 250 g Milchreis
* 4 El Zucker
* 1 El Butter
* 1 Vanilleschote

Und so geht's:

1. Die Vanilleschote der Länge nach aufschneiden und das Mark herauskratzen.
2. Die Butter in einem Topf schmelzen und darin den Reis anschwitzen.
3. Mit der Milch aufgießen. Den Zucker und das Vanillemark sowie die Vanilleschote dazugeben.
4. Unter Rühren einmal aufkochen lassen und dann die Temperatur auf die niedrigste Stufe reduzieren. Den Milchreis im geschlossenen Topf etwa 30 Minuten ziehen lassen. Zwischendurch umrühren. Vor dem Essen die Vanilleschote entfernen.

Bobo liebt seinen Milchreis mit Zimt und Zucker, Opa mag ihn mit Pflaumenkompott, und Mama isst am liebsten Apfelmus dazu.

Haferflockenfrühstück für müde Siebenschläfer (Overnight Oats)

(für 1 Portion)

* 50 g zarte Haferflocken
* 100 ml Milch
* 40 ml Naturjoghurt
* 1 Tl Leinsamen
* 1 Tl Honig
* dazu schmeckt: geschnittenes Obst, Kokoschips oder Nüsse

Und so geht's:

1. Die Haferflocken in ein verschließbares Gefäß geben und mit den Leinsamen mischen. Mit der Milch aufgießen und den Honig und den Joghurt dazugeben.
2. Über Nacht in den Kühlschrank stellen.
3. Vor dem Genießen den Haferbrei noch einmal gut durchrühren und geschnittenes Obst oder andere leckere Dinge daraufgeben.

Mama Siebenschläfer nimmt statt Kuhmilch gern Hafermilch, und Opa Siebenschläfer schwört auf eine Prise Zimt im Haferbrei!

Herzhafter Avocado-Aufstrich

(für 4 Portionen)

* 1 reife Avocado
* 100 g Frischkäse
* 1 El Zitronensaft
* Zucker, Salz, Pfeffer
* einige Cashewkerne

Und so geht's:

1. Die Avocado halbieren, entkernen und das Fruchtfleisch mit einem Löffel aus der Schale nehmen. Das Fruchtfleisch mit einer Gabel gut zerdrücken und mit dem Zitronensaft beträufeln.
2. Das Avocadomus mit dem Frischkäse vermischen und mit einer Prise Zucker, Salz und Pfeffer abschmecken.
3. Die Cashewkerne grob hacken und über den Avocado-Aufstrich streuen.

Dazu schmeckt frisches Bauernbrot.

Bobos Muntermacher (Himbeer-Orangen-Smoothie)

(für 4 Portionen)

* 3 Saftorangen (oder 250 ml Orangensaft)
* 200 g gefrorene Himbeeren
* 500 g Joghurt
* 1 Pck. Vanillezucker
* Honig oder Agavendicksaft

Und so geht's:

1. Die Orangen auspressen.
2. Den ausgepressten Orangensaft, gefrorene Himbeeren und Joghurt mit dem Pürierstab oder in einem Standmixer pürieren.
3. Den Vanillezucker unterrühren und den Smoothie nach Geschmack, z. B. mit Honig, süßen.

Bobos allerleckerstes Mittagessen

Krokodilsuppe (Brokkolisuppe)

(für 4 Portionen)

* 250 g Brokkoli
* 1 große Kartoffel
* 1 Knoblauchzehe
* 2 Zwiebeln
* 1 l Gemüsebrühe
* Salz, Pfeffer
* 100 ml Schlagsahne

Und so geht's:

1. Knoblauch und Zwiebeln fein hacken und in einem Topf in etwas Öl einige Minuten gut anbraten.
2. Kartoffel in kleine Würfel, Brokkoli in kleine Röschen schneiden und dazugeben.
3. Mit der Brühe aufgießen und ca. 20 Minuten bei niedriger Hitze köcheln lassen.
4. Mit dem Pürierstab durchmixen und die Schlagsahne unterrühren.
5. Mit Salz und Pfeffer abschmecken.

Beide Suppen schmecken mit gerösteten Brotwürfeln und Speck darauf. Oma Siebenschläfer isst sie gern mit frischer gehackter Petersilie.

Häschensuppe (Möhrensuppe)

(für 6 Portionen)

- 500 g Möhren
- 300 g Kartoffeln
- 1 Zwiebel
- 1 Apfel
- 100 g Knollensellerie
- 1 l Gemüsebrühe
- 100 ml Schlagsahne
- Öl, Salz, Pfeffer, mildes Currypulver

Und so geht's:

1. Möhren, Kartoffeln und Sellerie schälen und in kleine Würfel schneiden.
2. Zwiebel schälen und ebenfalls fein würfeln. In einem großen Topf in etwas Öl anbraten.
3. Das Gemüse dazugeben und für ein paar Minuten andünsten. In der Zwischenzeit den geschälten und entkernten Apfel in kleine Stücke schneiden und dazugeben.
4. Nun alles mit der Brühe aufgießen und für etwa 15 Minuten köcheln lassen.
5. Die Suppe mit dem Pürierstab mixen, die Sahne dazugeben und nochmals durchrühren.
6. Mit Salz und Pfeffer und – wer mag – mit Curry abschmecken.

BOBOS ALLERBESTE NUDELSOSSEN

Siebenschläfer-Ketchup

(ergibt etwa 1 Glas)

* 1 Dose stückige Tomaten
* 100 g Tomatenmark
* 1 Apfel
* 1 Zwiebel
* 1/4 Tl Kreuzkümmel
* 1/2 Tl süße Paprika
* 1/2 Tl Salz
* Honig

Und so geht's:

1. Apfel und Zwiebel schälen und in kleine Würfel schneiden. In wenig Öl in einer Pfanne anbraten. Dann die Tomatenstücke und das Tomatenmark dazugeben und die Gewürze unterrühren. Alles unter Rühren einmal aufkochen und dann für 30 Minuten köcheln lassen.
2. Etwas abkühlen lassen und dann mit dem Pürierstab durchmixen. Noch einmal für 5 Minuten etwas einkochen lassen.
3. Nach Geschmack mit Honig süßen und in ein sauberes großes Einmachglas oder eine Flasche abfüllen. Im Kühlschrank aufbewahren.

Rote-Linsen-Bolognese

(für 4 Portionen)

* 1 Dose stückige Tomaten
* 500 ml Gemüsebrühe
* 120 g rote Linsen
* 150 g Möhren
* 1 Zwiebel
* 2 Knoblauchzehen
* 4 El Tomatenmark
* 3 El Olivenöl
* 1/2 Tl brauner Zucker
* 1 Tl dunkler Balsamicoessig

Und so geht's:

1. Die Möhren schälen und grob raspeln.
2. Zwiebel und Knoblauchzehen schälen und in feine Würfel schneiden. In einem großen Topf in etwas Olivenöl andünsten.
3. Tomatenmark unterrühren und mit andünsten. Geraspelte Möhren dazugeben und etwa 3 Minuten mitgaren.
4. Mit der Gemüsebrühe ablöschen, die Tomaten und die Linsen dazugeben. Aufkochen und bei kleiner bis mittlerer Hitze mit Deckel etwa 20 Minuten köcheln lassen.
5. Mit Balsamicoessig und braunem Zucker abschmecken und zu gekochten Nudeln servieren.

Käse-Sahne-Soße

(für 2 Portionen)

* 2 El Butter
* 1 Knoblauchzehe
* 200 ml Sahne
* 150 g geriebener Käse (z. B. Gouda oder Emmentaler)
* 2 El gehackte Petersilie
* 50 g geriebener Parmesankäse

Und so geht's:

1. Knoblauch in der Butter andünsten. Mit der Sahne ablöschen.
2. Den Käse hinzufügen und unter Rühren zum Schmelzen bringen. Die fein gehackte Petersilie und den Parmesan einrühren. Die Soße über die gekochten Nudeln geben.

Gemüse-Auflauf

(für 4 Portionen)

* 1 kg Gemüse (z. B. Paprika, Brokkoli, Zucchini, Karotten, Kartoffeln)
* 1 El Butter (für die Form)
* 2 Eier
* 200 ml Schlagsahne
* 100 g geriebener Parmesan
* 200 g geriebener Käse (z. B. Emmentaler oder Gouda)
* 150 g Frischkäse
* Salz, Pfeffer und Muskatnuss

Wenn es schnell gehen muss, nimmt Oma Siebenschläfer einfach einen Beutel Tiefkühlgemüse.

Und so geht's:

Den Ofen auf 200 °C vorheizen.

1. Eine Auflaufform einfetten. Das Gemüse in mundgerechte Stücke schneiden, Brokkoli in kleine Röschen.
2. Eier und Schlagsahne in einer Schüssel vermischen, den Parmesan, die Hälfte des geriebenen Käses und den Frischkäse dazugeben und mit einem Schneebesen glatt rühren. Mit Salz, geriebener Muskatnuss und Pfeffer gut würzen.
3. Das Gemüse in der Auflaufform verteilen, die Eiermasse darübergießen.
4. Den Auflauf im vorgeheizten Backofen für 30 Minuten backen, dann den restlichen Käse darüberstreuen und anschließend erneut für 30 Minuten in den Backofen schieben.

Kleine Hackbällchen aus dem Ofen

(für etwa 25–30 Bällchen)

- 500 g Hackfleisch
- 1 rohe feine Bratwurst
- 1 Zwiebel
- 1 Ei
- 3 El Semmelbrösel
- Salz und Pfeffer
- Paprikapulver
- fein gehackte Petersilie

Und so geht's:

Den Ofen auf 180 °C (Umluft) vorheizen.

1. Hackfleisch in eine Schüssel geben, das Bratwurstbrät aus der Pelle drücken und dazugeben.
2. Mit dem Ei und der fein gehackten Zwiebel vermengen, die Semmelbrösel und die Petersilie unterkneten. Mit Salz, Pfeffer und Paprikapulver nach Belieben würzen.
3. Aus der Masse kleine Kugeln formen und auf ein mit Backpapier ausgelegtes Backblech geben.
4. Im vorgeheizten Backofen etwa 30 Minuten backen.

Dazu schmeckt Bobos selbst gemachter Ketchup von Seite 26.

Nudelnester

(für 6 Nester)

* 400 g Spaghetti
* 1 Zwiebel
* 1 Knoblauchzehe
* 1 El Öl
* 1 rote Paprika
* 10 Kirschtomaten
* 1 El geriebener Parmesan
* 250 g Mozzarella
* 2 Eier
* 3 El Schlagsahne
* 100 g geriebener Käse
* Salz, Pfeffer, Oregano

Und so geht's:

Den Ofen auf 180 °C vorheizen.
Ein Muffinblech einfetten.

1. Spaghetti al dente kochen und abgießen.
2. Zwiebel und Knoblauch fein hacken. Paprika in kleine Stücke schneiden.
3. Das Öl erhitzen, Zwiebeln und Knoblauch darin andünsten. Paprika dazugeben und mit anschwitzen.
4. Mozzarella in kleine Stücke schneiden, Kirschtomaten vierteln.
5. Die Eier mit der Sahne verquirlen. Mit Mozzarella, Parmesan, Kirschtomaten und der Zwiebel-Paprika-Masse vermischen und alles mit Salz, Pfeffer und Oregano würzen.
6. Über die abgekühlten Spaghetti geben und gut unterheben.
7. Mit einer Gabel die Nudeln portionsweise in die Muffinmulden verteilen. Den geriebenen Käse darüberstreuen.
8. Im vorgeheizten Ofen die Nudelnester für ca. 20 Minuten goldbraun backen lassen.

Knusprige Fischstäbchen

(für 4 Portionen)

* 400 g grätenfreies Seelachsfilet (oder Kabeljaufilet)
* Zitronensaft
* Salz und Pfeffer
* 6 El Mehl
* 3 Eier
* 100 g Cornflakes
* 3 El Semmelbrösel

Und so geht's:

1. Die Eier in einem tiefen Teller verquirlen. Die Cornflakes etwas klein bröseln, mit den Semmelbröseln vermischen und in einem weiteren Teller bereitstellen.
2. Das Fischfilet in ca. 3 cm breite Streifen schneiden und mit etwas Zitronensaft, Salz und Pfeffer würzen.
3. Die Fischstreifen in Mehl wälzen, dann durch das verquirlte Ei ziehen. Nun den Fisch in der Semmelbrösel-Cornflakes-Mischung panieren.
4. In einer beschichteten Pfanne etwas Öl erhitzen und den Fisch darin rundum goldbraun braten. Auf Küchenkrepp die Fischstäbchen dann etwas abtropfen lassen.

Bibis liebstes Ofengemüse

Zu beiden Gemüsegerichten passt Oma Sieberschläfers Kräuterquark von Seite 34.

(für 2 Portionen)

* 2 rote und gelbe Paprika
* 1 mittelgroße Zucchini
* 4 Champignons
* 3 Kartoffeln
* 8 Kirschtomaten
* 1 rote Zwiebel
* ca. 3 El Olivenöl
* Pfeffer
* Gartenkräuter nach Belieben
* grobes Meersalz

Und so geht's:

Den Ofen auf 200 °C vorheizen.

1. Das Gemüse waschen, die Kartoffeln schälen. Alles in ungefähr gleich große mundgerechte Stücke schneiden, die Kirschtomaten halbieren.
2. Das Gemüse einer Schüssel mit dem Olivenöl marinieren, mit Pfeffer und den Gartenkräutern würzen. Dann auf einem mit Backpapier ausgelegten Backblech verteilen. Etwas grobes Meersalz darüberstreuen und im vorgeheizten Backofen etwa 40 Minuten garen. Dazu schmeckt Stangenweißbrot.

Gemüse-Kartoffeltaler mit Käse

(für 10–12 Stück)
* 150 g Kartoffeln
* 250 g frisches Gemüse nach Wahl (oder Tiefkühlmischung)
* 100 g Toastbrot
* 1 Ei
* 100 g geriebener Käse
* Petersilie, Salz, Pfeffer, Muskatnuss

Und so geht's:

Den Ofen auf 180 °C Umluft vorheizen.

1. Kartoffeln schälen und in Würfel schneiden. In einem Topf gesalzenes Wasser zum Kochen bringen und die Kartoffeln für etwa 5 Minuten garen.
2. Gemüse waschen, ggf. schälen und in kleine Stücke schneiden. Das Gemüse zu den Kartoffeln geben und für etwa 3 Minuten mitgaren.
3. Das Wasser abschütten und das gekochte Gemüse pürieren.
4. Toast in kleine Würfel schneiden, Petersilie hacken und zusammen mit dem Ei und dem Käse in einer Schüssel verrühren.
5. Nun den Kartoffel-Gemüse-Brei unterheben und alles gut miteinander vermengen.
6. Ca. 10–12 kleine Taler aus der Masse formen, auf ein mit Backpapier ausgelegtes Backblech geben und im vorgeheizten Backofen für etwa 20 Minuten backen.

Oma Siebenschläfers Kräuterquark

(für 4 Portionen)

* 250 g Magerquark
* 100 g Schmand
* 1/2 Pck. Tiefkühlkräuter (8 Kräuter)
* klein geschnittene Frühlingszwiebeln
* Salz, Pfeffer

Und so geht's:

1. Quark mit Schmand glatt rühren und würzen.
2. Die Kräuter und die Frühlingszwiebeln untermischen. Nach Geschmack mit Salz und Pfeffer würzen.

Bobos allerliebstes Abendessen

Selbst gemachtes Knäckebrot

(für ein Blech)

* 120 g Vollkornmehl
* 100 g kernige Haferflocken
* 150 g Salatkernemix
* 50 g Sesam
* 50 g Leinsamen
* 1 Tl Salz
* 2 El Olivenöl
* 400 ml Wasser

Und so geht's:

1. Das Mehl, die Haferflocken, den Kernemix, den Sesam, die Leinsamen und das Salz in eine Schüssel geben.
2. Das Öl und das Wasser unterrühren und die Mischung 15 Minuten quellen lassen.
3. In der Zwischenzeit den Backofen auf 175 °C (Umluft) vorheizen.
4. Den Teig auf ein mit Backpapier belegtes Blech verteilen (das geht am besten mit einem mit Wasser angefeuchteten Kochlöffel) und im vorgeheizten Ofen für 15 Minuten backen.
5. Das Blech aus dem Ofen nehmen und das Knäckebrot in gleich große Stücke schneiden. 40 Minuten weiterbacken. Auf dem Blech auskühlen lassen.

- 200 g Doppelrahm-frischkäse
- 4 El Milch
- 1 Zitrone
- 150 g Radieschen
- 2 Frühlingszwiebeln
- 1 El klein gehackter Schnittlauch

Radieschenfrischkäse

Und so geht's:

1. Den Frischkäse mit der Milch glatt rühren. Mit Salz, Pfeffer und etwas Zitronensaft würzen.
2. Radieschen putzen und fein würfeln. Frühlingszwiebeln putzen und in feine Ringe schneiden. Alles unter den Frischkäse rühren und zum Schluss den Schnittlauch darüberstreuen.

Tomate-Mozzarella-Leuchtturm

Und so geht's:

1. Mozzarella abtropfen lassen und in Scheiben schneiden.
2. Tomaten waschen und ebenfalls in Scheiben schneiden. Salzen und pfeffern und mit wenig Essig und Olivenöl beträufeln.
3. Aus den Käse- und Tomatenscheiben und den Basilikumblättern abwechselnd einen Turm bauen und mit den Holzspießchen zusammenstecken. Zuoberst jeweils das Runde einer Tomate aufstecken.

Gurken-Krokodil

- 1 Salatgurke
- 1 Pck. Mini-Mozzarella
- ein paar Cocktailtomaten
- 100 g Käse in Würfeln (z.B. Gouda)
- Weintrauben
- Mini-Würstchen
- Paprika
- Zahnstocher

Und so geht's:

1. Die Gurke waschen und waagerecht in der Mitte etwa zu einem Viertel durchschneiden. Das ist das Maul des Krokodils! Mit einem kleinen Messer seitlich Zacken als Zähne einschneiden. Mit einem halben Zahnstocher das Maul offen halten und einen Streifen Paprika als Zunge hineinlegen.
2. Eine Mini-Mozzarellakugel und eine Cocktailtomate halbieren. Je eine Hälfte einer Cocktailtomate mit einer halben Mozzarellakugel mit einem Zahnstocher zusammenstecken und als Augen an dem Krokodilkopf befestigen.
3. Die restlichen Mozzarellakugeln abwechselnd mit Cocktailtomaten aufspießen. Nach Lust und Laune weitere Spieße aus Weintrauben und Käse, Paprika und Mini-Würstchen machen und in das Gurken-Krokodil stecken.

Eier-Mäuse

Und so geht's:

1. Die Eier in kochendem Wasser etwa 10 Minuten hart kochen. Herausnehmen, kalt abschrecken und vor dem Schälen abkühlen lassen.
2. Die Radieschen putzen und in Scheiben schneiden.
3. Je zwei Radieschenscheiben als Ohren in ein Ei stecken. Mit den Nelken die Augen und die Nasen stecken.
4. Den Dill waschen und kleine Blättchen abzupfen. Als Barthaare über die Nelkennase legen.

(für 4 Portionen)

* 4 Eier
* 2 Radieschen
* 12 Gewürznelken
* frischer Dill

Man kann statt Radieschen auch Möhre für die Ohren und den Mäuseschwanz nehmen!

Die Nelken sind nicht zum Essen geeignet!

Pizzabällchen

(für 12 Bällchen)

* 250 g Mehl
* 150 g Quark
* 3 El Olivenöl
* 1/2 Tl Salz
* 1/2 Tl Backpulver
* 100 g geriebenen Käse
* nach Geschmack z. B. je 50 g Mais, gewürfelte rote Paprika, Schinken- oder Salamiwürfel
* ggf. Kräuter der Provence

Und so geht's:

Den Backofen auf 180 °C (Umluft) vorheizen.

1. Mehl mit Backpulver, dem geriebenen Käse, Quark, Olivenöl und Salz zu einem glatten Teig verkneten.
2. Anschließend die klein geschnittenen Zutaten unterkneten. Wer mag, kann noch getrocknete Kräuter, z. B. Kräuter der Provenve, dazugeben.
3. Aus der Masse kleine Bällchen formen. Im vorgeheizten Backofen ca. 15 Minuten backen.

Gemüse-Reispuffer

Und so geht's:

1. Den Reis gar kochen und abkühlen lassen.
2. Das Gemüse waschen. Die Zucchini raspeln und die Paprika in kleine Stückchen schneiden. Den Mais abtropfen lassen.
3. Das Gemüse mit dem Reis und den restlichen Zutaten vermengen und mit Salz und Pfeffer würzen.
4. Mit der Hand zu kleinen Puffern formen und in einer Pfanne mit heißem Öl leicht knusprig braten.

(für ungefähr 15 kleine Puffer)

* 350 g gekochter Reis (entspricht 125 g trockenem Reis)
* 200 g Zucchini
* 75 g Mais
* 1 kleine rote Paprika
* 100 g geriebener Käse
* 1 Ei
* 75 g Mehl

Apfel-Möhren-Rohkost

(für 4 Portionen)

* 750 g Möhren
* 3 säuerliche Äpfel (z. B. Boskop)
* 1 Zitrone
* 2 El Walnussöl
* etwas brauner Zucker

Und so geht's:

1. Möhren schälen und fein raspeln. Die Zitrone auspressen und den Saft mit dem Öl mischen.
2. Äpfel schälen, entkernen, fein würfeln und unter die Möhren mischen. Nach Geschmack mit Salz und Pfeffer und etwas braunem Zucker würzen. Eine Viertelstunde durchziehen lassen.

Vegetarische Frikadellen

(für 10 kleine Frikadellen)

* 1 kleine Zwiebel
* 100 ml Milch
* 125 g kernige Haferflocken
* 1 Ei
* 70 g geriebener Käse (z. B. Emmentaler)
* frische Kräuter oder Gewürz nach Geschmack

Und so geht's:

1. Zwiebel sehr fein würfeln.
2. Zwiebelwürfel mit den restlichen Zutaten in einer Schüssel vermengen.
3. Mit einem Esslöffel oder den Händen Frikadellen formen. Reichlich Öl in einer Pfanne erhitzen und die Frikadellen von jeder Seite goldgelb backen.

Dazu schmeckt Bobos selbst gemachter Ketchup von Seite 26 oder Omas Kräuterquark von Seite 34.

Nudelsalat

Und so geht's:

1. Nudeln al dente kochen und abgießen. Die Eier für 10 Minuten in kochendem Wasser hart kochen, abschrecken und abkühlen lassen. Dann schälen und in Würfel schneiden.
2. Gemüse und Käse in kleine Würfel schneiden, Petersilie hacken und alles mit den Nudeln vermengen.
3. Senf, Mayonnaise, Joghurt und Essig vermischen.
4. Das Dressing über die Nudeln geben und gut durchmischen.
5. Mit Salz und Pfeffer abschmecken, und nach Bedarf noch etwas mehr Mayonnaise und Senf dazugeben.

(für 4 Portionen)

* 500 g Nudeln (Spirelli oder Schmetterlingsnudeln)
* 2 Eier
* 1 Paprika
* 1 kleine Dose Erbsen und Möhren
* 5 Radieschen
* 3 Gewürzgurken
* 50 g Gouda
* 250 g Joghurt
* 2 El Mayonnaise
* 1 Tl Senf
* 2 El Essig
* frische Petersilie nach Geschmack

Hummus mit Gemüsesticks

(für 4 Portionen)

- 1 Dose Kichererbsen
- 2 El Zitronensaft
- 2–3 El Tahin (Sesampaste)
- ca. 100 ml kaltes Wasser
- 1 El Olivenöl
- 1 Messerspitze Kreuzkümmel
- Gemüse nach Geschmack: Möhren, Kohlrabi, Gurke, Paprika …

Und so geht's:

1. Kichererbsen mit Zitronensaft, Tahin, Olivenöl und Kreuzkümmel pürieren. Nach und nach das kalte Wasser dazugeben, bis eine cremige Masse entsteht. Mit Salz und Pfeffer würzen.
2. Das Gemüse waschen und ggf. schälen und in lange Stäbchen schneiden.

Dazu passt auch frisches Baguette.

Bobos allerbester Nachmittags-snack

Bananenbrot

* 3 reife Bananen
* 2 Eier
* 150 g Apfelmus
* 2 El neutrales Öl
* 1 Prise Salz
* 250 g Mehl
* 1 Tl Zimt
* 1 Pck. Backpulver

Und so geht's:

Den Backofen auf 180 °C vorheizen.

1. Eine Kastenform einfetten.
2. Die Bananen mit einer Gabel gut zerdrücken.
   Den Bananenbrei mit den Eiern in einer Rührschüssel vermixen.
3. Apfelmus, Öl und Salz unter die Bananenmasse rühren.
   Das Mehl mit dem Backpulver und Zimt vermischen
   und zuletzt unterrühren.
4. Den Teig in die gefettete Kastenform geben
   und im vorgeheizten Backofen für ca. 45 Minuten backen
   (Stäbchenprobe machen!).

Regenbogen-Obstspieße

Obst nach Saison in verschiedenen Farben, z. B.

* gelb: Ananas, Mango, Banane, Honigmelone
* orange: Orange oder Physalis
* rot: Erdbeere, Wassermelone
* grün: helle Weintrauben, Kiwi
* blau: dunkle Weintrauben, Blaubeeren
* Holzspieße

Und so geht's:

1. Das Obst waschen, putzen oder schälen und dann in ungefähr gleich große Stücke schneiden.
2. Die Obstspieße jeweils in derselben farblichen Reihenfolge als Regenbogen mit dem Obst bestücken.

Tipp: Die verschiedenen Obstsorten in getrennte Schälchen sortieren, um gleich die passende Farbe aufspießen zu können.

Fruchtgummi

* 125 ml Fruchtsaft
* 1 El Zitronensaft
* 1 El Zucker (oder z. B. Kokosblütensirup)
* 8 Blatt Gelatine
* Silikonform (z. B. für kleine Eiswürfel)
* Pipette zum Einfüllen

Und so geht's:

1. Fruchtsaft mit Zucker und Zitronensaft in einem Topf aufkochen, bis sich der Zucker aufgelöst hat.
2. Die Gelatineblätter für etwa 10 Minuten in kaltem Wasser einweichen, dann etwas ausdrücken. Gelatine in den abgekühlten Fruchtsaft einrühren.
3. Die Masse in die Silikonförmchen füllen (das geht am besten mit einer Pipette oder Ähnlichem) und im Kühlschrank gut abkühlen lassen, bis sie fest werden.

Die Fruchtgummis sind weicher als die Gummibärchen, die Opa Siebenschläfer manchmal mitbringt.

Man kann statt Gelatine auch Agar-Agar-Pulver verwenden (Mengenverhältnis nach Packungsangabe errechnen), dann ist das Rezept vegan.

Knusprige Waffeln

(für etwa 10 Waffeln)

* 125 g weiche Butter
* 3 Eier
* 70 g Zucker
* 1 Pck. Vanillezucker
* 250 g Mehl
* 1 Tl Backpulver
* 200 ml Milch
* 100 ml Mineralwasser

Und so geht's:

1. Die Butter mit dem Zucker und den Eiern gut verrühren.
2. Das Mehl mit dem Backpulver vermengen und dann abwechselnd mit der Milch unter die Eiermasse rühren. Zum Schluss das Mineralwasser dazugeben.
3. Mit einer Kelle je eine Portion Teig in ein Waffeleisen geben und goldbraun backen.

(für 4 Portionen)

- 2 altbackene Brötchen in Scheiben
- 2 Äpfel
- 2 El Zitronensaft
- 3 El Zucker
- 1/4 Tl Zimt
- 400 ml Milch
- 2 Eier
- 40 g Butter

Ofenschlupfer (Apfel-Auflauf)

Und so geht's:

Den Ofen auf 175 °C vorheizen.

1. Eine Auflaufform gut mit Butter einfetten. Die Hälfte der in Scheiben geschnittenen Brötchen hineinlegen.
2. 2 EL Zucker mit dem Zimt vermischen. Äpfel schälen, entkernen, in feine Scheiben schneiden und mit dem Zitronensaft und 1 EL Zimt-Zucker in einer Schüssel vermengen. Die Apfelscheiben auf den Brotscheiben verteilen und mit der zweiten Hälfte der Brotscheiben belegen.
3. Milch mit Eiern und 1 EL Zucker verquirlen und auf dem Auflauf verteilen. Zum Schluss Butterflöckchen darübergeben und mit dem restlichen Zimt-Zucker bestreuen. Im vorgeheizten Ofen ca. eine Stunde backen.

Bobo isst den Auflauf besonders gern mit Vanillesoße.

Schinken-Käse-Hörnchen

(für etwa 25 Hörnchen)

* 200 g Butter
* 250 g Mehl
* 250 g Magerquark
* 3 Tl Backpulver
* 1/2 Tl Salz
* 4 Scheiben Kochschinken
* 100 g geriebener Käse
* 1 El Milch + 1 Eigelb

Und so geht's:

1. Aus weicher Butter, Quark, Mehl, Backpulver und Salz einen Teig herstellen. Den Teig mindestens eine Stunde in den Kühlschrank stellen.
2. Den Backofen auf 180°C vorheizen. Den Teig noch einmal gut durchkneten, dann auf einer bemehlten Fläche dünn zu einem Rechteck ausrollen. In längliche, spitze Dreiecke schneiden.
3. Jedes Dreieck mit Schinken belegen und mit Käse bestreuen.
4. Von der breiten Seite her aufrollen und zu Hörnchen biegen.
5. Die Hörnchen auf ein mit Backpapier ausgelegtes Backblech legen.
6. Das Eigelb mit der Milch vermengen und die Hörnchen damit bepinseln. Im vorgeheizten Backofen 20–25 Minuten goldbraun backen.

Als vegetarische Variante kann man die Hörnchen auch ohne Schinken backen.

Milchbrötchen

(für etwa 12 Brötchen)

* 400 g Mehl
* 250 ml Milch
* 50 g Butter
* 1 Pck. Trockenhefe
* 2 El Agavendicksaft
* 1 Prise Salz
* zum Bestreichen: 1 El Milch und 1 Eigelb

Und so geht's:

1. Eine Auflaufform einfetten.
2. Die Milch in einem kleinen Topf erwärmen und darin die Butter zerlassen.
3. Das Mehl in einer Rührschüssel mit der Trockenhefe vermischen. Die Milch und alle übrigen Zutaten hinzufügen und zu einem glatten Teig verkneten.
4. Den Teig zugedeckt gehen lassen.
5. Den Teig aus der Schüssel nehmen und auf einer leicht bemehlten Arbeitsfläche noch einmal durchkneten. Dann in etwa 12 gleich große Stücke teilen. Die Teile zu Kugeln formen und mit etwas Abstand nebeneinander in die Auflaufform legen.
6. Nochmals 20 Minuten an einem warmen Ort gehen lassen. In der Zwischenzeit den Backofen auf 180 °C vorheizen.
7. Das Eigelb mit einem Eßlöffel Milch verrühren. Die Milchbrötchen damit bestreichen und dann im vorgeheizten Backofen etwa 25 Minuten backen.

Mama Siebenschläfer gibt gern eine Handvoll Rosinen oder Schokotröpfchen in den Teig.

Bobos allerliebste Brotdosen

(für etwa 8 Riegel)

- 75 g getrocknete Datteln
- 60 g reife Banane
- 50 g kernige Haferflocken
- 50 g gehackte Haselnüsse
- 20 g Rosinen
- 30 g Salatkernemix
- 2 El Agavendicksaft
- 1/2 Tl Zimt

Müsliriegel

Und so geht's:

Den Backofen auf 150 °C (Umluft) vorheizen.

1. Datteln fein hacken oder in einem Mixer zerkleinern. Banane zu Mus zerdrücken.
2. Nun alle Zutaten in einer Schüssel miteinander vermischen.
3. Die Masse auf einem mit Backpapier ausgelegten Backblech verstreichen und im vorgeheizten Backofen ca. 20 –25 Minuten backen.
4. Nach dem Herausholen noch warm in Riegel schneiden.

Energiebällchen

(für etwa 12 Bällchen)

- * 50 g Cashewkerne
- * 50 g getrocknete Datteln
- * 50 g Banane
- * 30 g Mandelmus
- * 50 g Haferflocken
- * 1 Handvoll Kokosraspeln

Und so geht's:

1. Cashewkerne, Datteln, Mandelmus und die Banane im Mixer zerkleinern.
2. Haferflocken hinzufügen und alles gut vermengen.
3. Aus der Masse kleine Kugeln formen und in den Kokosraspeln wenden. Abkühlen lassen und im Kühlschrank aufbewahren.

Süße Siebenschläfer

(für 12 Stück)

* 500 g Mehl
* 1/2 Würfel Hefe
* 250 ml warme Milch
* 1 Msp. Salz
* 40 g Zucker
* 100 g weiche Butter
* zum Bestreichen: 1 Eigelb, etwas Schlagsahne
* Rosinen für Augen und Nase

Und so geht's:

1. Die Hefe in der lauwarmen Milch auflösen.
2. Mehl in eine Schüssel geben, eine Mulde ins Mehl drücken und die Hefemilch hineingießen. Mit etwas Mehl verrühren.
3. Die restlichen Zutaten dazugeben und alles zu einem geschmeidigen Teig verkneten. Mindestens eine Stunde zugedeckt an einem warmen Ort gehen lassen.
4. Den Teig noch einmal gut durchkneten und in 12 Stücke teilen.
5. Aus jedem Stück eine kleinere und eine größereKugel formen, außerdem zwei ganz kleine für die Siebenschläfer-Ohren. Nun den Siebenschläfer zusammensetzen: die ganz kleinen Kugeln als Ohren an die kleine Kugel (Kopf) drücken und den Kopf an die große Kugel (Bauch). Die große Kugel an den Seiten links und rechts von unten etwas einschneiden – das sind die Arme! Dann einmal in der Mitte ein wenig von unten einschneiden und beide Teile etwas zur Seite drücken, das sind die Beine. (Nicht so weit schneiden, denn Bobo hat kurze Beinchen!)

Wer mag, kann mit gefärbtem Zuckerguss (aus Puderzucker, etwas Wasser und Speisefarbe) den Hefe-Siebenschläfern noch Bobos rot-blau gestreifte Hose aufpinseln.

6. Die Siebenschläfer auf ein mit Backpapier ausgelegtes Backblech legen und noch einmal eine halbe Stunde gehen lassen. In der Zwischenzeit den Ofen auf 180 °C vorheizen.
7. Das Eigelb mit etwas Sahne verrühren und die Siebenschläfer damit bestreichen. Mit den Rosinen Augen und Nase setzen.
8. Die Siebenschläfer im vorgeheizten Backofen für 20 Minuten backen.

(für etwa 10 Spieße)

- 125 g Mehl
- 1 Tl Backpulver
- 1 El Zucker
- 1 Prise Salz
- 1 Ei
- 100 ml Milch
- 1 El Butter
- 1 Banane
- kleine Holzspieße

Minipfannkuchen-Spieße

Und so geht's:

1. Die trockenen Zutaten in einer großen Schüssel mischen. Butter in einem Topf schmelzen lassen.
2. In einer anderen Schüssel Ei, Milch und geschmolzene Butter verquirlen. Zu den trockenen Zutaten geben und alles miteinander verrühren.
3. In einer beschichteten Pfanne einen TL Speiseöl erhitzen. Walnussgroße Teigkleckse in die Pfanne geben. Sobald sich Bläschen bilden, den Minipfannkuchen umdrehen und fertig backen. Abkühlen lassen.
4. Die Banane in Scheiben schneiden. Pfannkuchen und Bananenscheiben abwechselnd aufspießen.

Dazu passt auch der Schokoaufstrich von Seite 10.

Knusprige Käsestangen

(für zwei Backbleche)

* 500 g Mehl
* 100 g geriebener Parmesan
* 250 g Butter
* 1 1/2 Tl Salz
* 1 Ei
* 70 g saure Sahne
* zum Bestreichen: 1 El Milch + 1 Eigelb
* zum Bestreuen: grobes Meersalz oder geriebener Parmesan

Und so geht's:

Den Backofen auf 180 °C vorheizen.

1. Alle Zutaten verkneten. Zu einer Kugel formen und eine Stunde kalt stellen.
2. Den Teig etwa 3 mm dick ausrollen und in Streifen von ungefähr 8 cm Länge schneiden.
3. Die Teigstreifen jeweils etwas in sich verdrehen und auf ein mit Backpapier ausgelegtes Backblech legen.
4. Eigelb mit Milch verrühren und die Stangen damit bestreichen. Zuletzt mit Salz und / oder Parmesan bestreuen und im vorgeheizten Backofen für 18–20 Minuten backen.

Rosinen-Hafer-Cookies für ganz kleine Siebenschläfer

(für ein Backblech)

* 2 reife Bananen
* 100 g Haferflocken
* 1 El Kokosöl
* 1 El Rosinen oder 6 – 8 entsteinte getrocknete Datteln

Und so geht's:

Den Backofen auf 175 °C Ober- und Unterhitze vorheizen.

1 Die Bananen schälen und in einer Schüssel mit einer Gabel zerdrücken.

2. Die Haferflocken, Kokosöl und die Rosinen (oder klein gehackte Datteln) dazugeben und alles verrühren.

3. Ein Backblech mit Backpapier auslegen. Mit sauberen Händen aus der Bananen-Haferflocken-Masse walnussgroße Kugeln formen, auf das Backblech legen und etwas platt drücken.

4. Die Kekse 20 Minuten im vorgeheizten Ofen backen. Anschließend abkühlen lassen.

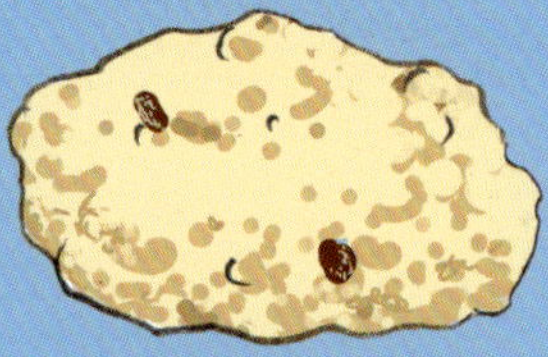

Brot-Käse-Turm

- 2 Scheiben Vollkornbrot
- 1 El Frischkäse
- 1 Scheibe Gouda
- 1 Scheibe Hähnchen-brust-Aufschnitt
- 1 Kästchen Kresse
- 1/2 Salatgurke
- 2 Cocktailtomaten
- Holzspieße

Und so geht's:

1. Beide Scheiben Vollkornbrot dünn mit Frischkäse bestreichen. Eine Scheibe mit Gouda, Hähnchenbrust-Aufschnitt und Kresse belegen. Mit der zweiten Scheibe Brot bedecken.
2. Die Gurke in Scheiben schneiden.
3. Das Brot in Quadrate schneiden und mit den Cocktailtomaten und den Gurkenscheiben auf Holzspieße stecken.

Markus Osterwalder, geb. 1947 bei Zürich, war Grafiker bei einem Schulbuchverlag in Paris, dann bei einem Hamburger Verlag für die Zeitschrift «Akut». Er arbeitete als Layouter beim «ZEITmagazin» und war danach lange Jahre künstlerischer Leiter im Kinderbuchverlag «L'école des loisirs» in Paris. Markus Osterwalder ist Herausgeber des dreibändigen Illustratoren-Nachschlagewerkes «Dictionnaire des illustrateurs 1800–1914» und lebt in Arcueil bei Paris.

Dorothée Böhlke, aufgewachsen in Frankfurt am Main und in Paris, studierte in Hamburg Illustration, wo sie seither lebt und arbeitet. Sie liebt Bilder und gute Geschichten und hat Bobo Siebenschläfer und seine Familie längst fest in ihr Herz geschlossen.

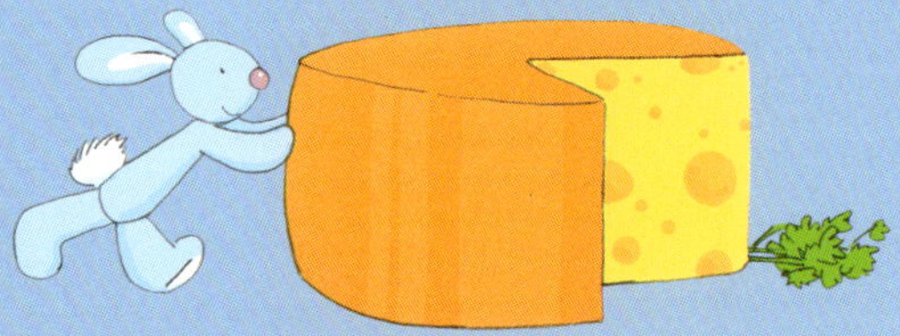

Originalausgabe
Veröffentlicht im Rowohlt Taschenbuch Verlag, Hamburg, April 2023

Redaktion Sophie Härtling
Einbandgestaltung any.way, Barbara Hanke/Cordula Schmidt
Einbandabbildung Dorothée Böhlke
Innengestaltung Ingrid König
Lithografie Susanne Kreher
Satz aus der Bely Regular bei Dörlemann Satz, Lemförde
Druck und Bindung Grafisches Centrum Cuno GmbH & Co. KG, Calbe
ISBN 978-3-499-01189-4

Die Rowohlt Verlage haben sich zu einer nachhaltigen Buchproduktion verpflichtet. Gemeinsam mit unseren Partnern und Lieferanten setzen wir uns für eine klimaneutrale Buchproduktion ein, die den Erwerb von Klimazertifikaten zur Kompensation des CO_2-Ausstoßes einschließt.
www.klimaneutralerverlag.de

FSC www.fsc.org
MIX
Papier aus verantwortungsvollen Quellen
FSC® C043106